# KINTSUKUROI

**La Plume de Paris**

# KINTSKUROI

## L'Amore riparato

© La Plume de Paris, 2013

© 2013 **La Plume de Paris**
Web site: www.laplumedeparis.com

Copertina: **Skander NOUIRA**
Edizioni: BoD
12/14 rond-point des Champs Elysées
75008 Paris

ISBN : 978-2322037315
Pubblicazione : **Agosto 2014**

*Lights will guide you home*
*And ignite your bones*
*I will try to fix you...*

Fix You - Coldplay | 2005

# Introduzione

Con Pessoa ho imparato a riconoscere ciò che i poeti hanno in comune e trascinano nell'uguale e incongrua miseria dei loro sogni. *Hanno tutti, come me, il futuro nel passato.*

L'ubriaco non si distingue dal poeta se non per il fatto d'aver goduto del vino. Fuori fase, fuori tempo, fuori norma, fanno entrambi attenzione all'inesistente. E, a chi non lo chiede, indicano un cammino non banale verso cose che sono tanto banali quanto la vita stessa. I poeti sperano ostinatamente.

Ma in cosa possiamo noi ancora sperare? Esistono sotterfugi del pensiero e inciampi della memoria che ci tormentano più di un incubo nella notte. Allora il rimedio, la cura dei poeti é la *trascrizione* incessante di quel sentimento che ripara le cose. Riparandolo, la poesia trasforma in passato in futuro. In un avvenire carico di presagi e promesse. La poesia serve a far ragionare il dolore. 金繕い.

*Kintusukuroi*, dicono in Giappone. Letteralmente "riparare con l'oro". Una pratica che permette di riparare gli oggetti rotti, saldandone i frammenti con oro liquido. Quasi sempre si tratta di vasellame in ceramica, di piccoli oggetti banali, quindi, sottratti alla vita di tutti i giorni. Quelli che quando si rompono perdono senso e utilità. Come i cuori spezzati. Con la tecnica *Kintusukuroi*, questi oggetti inutili diventano preziosissimi. Il metallo fuso viene a colmare i vuoti e le fratture si trasformano in un unico intreccio di venature dorate.

L'imprevibilità del danno, che colpisce l'oggetto in modo casuale, diventa l'occasione di una estetica nuova. Sta nell'imperfezione della ceramica, nel suo spezzarsi in frantumi, il segreto della trasformazione. Cosi, sta nel dolore, nelle cicatrici dell'anima, la chiave stessa della nostra rinascita.

I "Kintusukuroi" che seguono raccontano di questo passaggio e fanno della parola scritta, della poesia d'Amore, l'oro prezioso che ripara le cose. Quasi a voler frenare, con la pastosità dell'inchiostro, il tempo, la magia, l'attesa dell'incontro. Quasi a voler lasciare la traccia, l'impronta indelebile, che aiuti l'Altro a ritrovarci nel mondo. Non più spezzati ed inadatti, ma *interi e consapevoli della nostra bellezza.*

Questi "Kintusukuroi" vi invitano al viaggio interiore, il viaggio della guarigione. E creano un appiglio, uno scoglio, nel Maelstrom vorticoso dei destini e dei ricordi.

In questo spero io ancora, ostinatamente.
Io che ho, come i poeti, il futuro nel passato.

## KINTSUKUROI −1

Se non ci fossero tuoi silenzi
a scolpirmi la pelle,
se mancassero le tue mani
ad aprirmi un varco,
se non riuscisse la tua voce
a riportarmi a casa...

*Allora,*

non saprei più
se la vita è fatta
di sogno o cosa vera
se l'Amore
è farsa o promessa sincera
se il nostro mondo
esiste di giorno,
o quando si fa sera.

## KINTSUKUROI – 2

Ogni incrocio apre strade
che mi fanno languire il cuore.

Cammino dentro il mondo
come le tue dita
camminano su di me.

Sulle punte dolenti e fedeli.

## Kintsukuroi – 3

Verrò a prenderti
dentro l'occhio del ciclope
nella pancia della balena
sopra i calli della strega e
in groppa all'unicorno.

Verrò a trovarti
nelle narici del drago
tra i capelli della fata
sullo sfiatatoio del mostro marino
e in qualunque posto
di questo mondo impossibile
in cui tu non esisti ancora.

## KINTSUKUROI – 4

Ci perderemo,
ci cercheranno.
Le stelle ci troveranno un giorno.

L'abbraccio nostro
conosce già
l'infinito *in espansione*.

## Kintsukuroi – 5

Ora che
hai chiuso gli occhi,
e finalmente mi vedi
dopo tutte queste lune
e i mesi che parevano millenni,
dimmi in quale giorno
mi hai vissuto veramente.

Tieni chiusi gli occhi,
tienili ancora chiusi
e dimmi, poi, se senti sempre
quant'è vera la mia pelle
sotto le dita che son le tue
e le tue soltanto.

Dimmi se hai sempre saputo
quanto ti cercano le mie parole
e se ricordi le acque torbide
di questo fiume
cui affido adesso i miei pensieri.
I più limpidi.

Navigammo insieme
sulla Senna
sospesi, felici, distanti e persi.
Salpammo ed approdammo
troppo in fretta.

## KINTSUKUROI – 6

Anche se ora vado,
ti giuro che
mai scorderò
per quale via
si torna a casa.

## KINTSUKUROI – 7

Non ti sento
non so più di che cosa sono fatte
le tue parole
e a chi parli oramai
dentro ai tuoi sogni.

Non ti vedo
non so dopo quanti passi
tu torni indietro
e come si chiama poi, per te,
*quella cosa*
che io non so dire ancora.

## KINTSUKUROI – 8

Mi troverai
dove fioriscono i giacinti
e le stelle nere d'inchiostro
tracciano la trama del nulla.

Mi troverai
dove la voce non è stanca
e gli spiriti custodiscono ancora
quelle cose che appartengono a noi.

Mi troverai
e non mi riconoscerai,
perché i giacinti non lo vorranno.

E il nulla, e le stelle e gli spiriti nemmeno.

## KINTSUKUROI – 9

Tu che riempi cuore e pancia
hai lo stesso odore dei giardini
quand'è l'inverno che li abbandona.

## KINTSUKUROI – 10

La musica mi dà, alle volte,
quella nostalgia del vagabondo
che ripensa alla via di casa.

Non è più certo che esista ancora
- o che sia esistita per davvero -
eppure quel pensiero
gli tira il cuore.

Passa una musica, ora,
in queste stanze,
che tira il cuore.

Ed è come se tirasse,
con il mio,
il cuore del mondo.

## KINTSUKUROI – 11

Lascia perdere l'Estate
con i suoi giochi e le sue attrici da cabaret.
T'hanno preso a tradimento.

Io sono l'Inverno pieno
che spacca le noci
che imbianca i viali
che ti fa tornare a casa.

## Kintsukuroi – 12

*Esprimimi...*
come fossi un desiderio.
Che parole ruberesti al mondo
per ridarle solo a me?

Sono i desideri tuoi non espressi
come le parole mai pronunciate.

Portano dentro l'affanno di una magia
che nessun mago praticherà mai.

Allora esprimimi,
come se fossi il desiderio più grande.

Non raccontarlo nessuno,
se non al vento.

## KINTSUKUROI – 13

E per tutta quanta la vita,
allaccerò le mie scarpe alle tue.

Che dove andrai,
anch'io andrò
che se cadrai,
anch'io cadrò.

## Kintsukuroi – 14

Arriva il giorno che tu
non puoi più ricordare
e quelle cose vissute
barbaramente
è come se non fossero mai state.

É la vita che non torna
e le mele che non hanno sapore
e la luce che s'infiltra
tra le persiane semichiuse
ad illuminare
per tratti distinti e simmetrici
il letto solo
con le sue lenzuola montate a neve.

Non sa il soffitto
perché è stato contemplato
per così tante notti.
Non sa il pavimento
perché non appoggia più
i passi rapidi e contenti.

## KINTSUKUROI – 15

Mio,

con la "m" che mi morde
e la "i" che m'inghiotte
e la "o" che poi m'occulta
tutto ciò che resta attorno.

## KINTSUKUROI – 16

Da quant'è che aspetti ?
E' forse passata tutta una vita ?

Ho trascorso così la mia
e, se me lo chiedeste, vi direi
con certezza
che non avrei saputo far di meglio.

Qual è il senso di una casa
che non sia aperta al suo ritorno ?

E dove poter condurre i miei passi
se non verso lui soltanto ?

Non sanno forse i baci suoi,
di quel mare e di quella terra
dove sono cresciuta anch'io ?

## KINTSUKUROI – 17

Com'è questa notte?
Questa notte è cieca.
Com'è questo cielo?
Questo cielo è sordo.
Com'è questo mondo?
Questo mondo ha le gambe amputate.

E come siamo noi?

*Noi siamo pazzi legati
in camicie di sforzi.*

## KINTSUKUROI – 18

Niente, se non i passi
cadenzati,
niente, se non le braccia
grandi aperte,
niente, se non le labbra
devote
che ci danno il respiro ampio,
il respiro delle stelle nere.

Niente, se non il tuo dorso
lontano
niente, se non l'iride
predatrice
niente, se non la voce
incantatrice
che mi dice le cose segrete,
gli aloni dei secoli.

## KINTSUKUROI – 19

Nessuno te le dice le cose importanti.

E tu, tutta la vita, non sai
perché c'è sempre quel sole che ingialla
o quella voce che sola rasserena
o quell'altro come te,
un brigante nel mondo,
a cui offrire la borsa e la vita.

## KINTSUKUROI – 20

Tenevi in una mano la pioggia,
nell'altra il rimpianto.

Di tabacco e ricordi
sapevano gli abbracci,
stringevano i baci
nell'impermeabile blu.

Così, amore mio,
tu tornavi da me
con le cose che aspettavo
da sempre.

Tenevo in una mano il sole,
*e te l'ho dato*
nell'altra serravo un sogno
*e te l'ho raccontato.*

## KINTSUKUROI – 21

Si fa fatica a respirare soli.
Lo scopro solo adesso.

Il tuo fiato e i tuoi polmoni
erano per me
ciò che vele e vento
sono per i marinai.

## Kintsukuroi – 22

Che se ti guardo,
ancora non so
perché è da te che viene
quel rumore.

Come fa il mare
quando si gonfia d'inverni
o le stelle
quando invecchiano nel firmamento
o il cuore disperato
quand'è l'Amore che lo ripara.

## KINTSUKUROI – 23

Il *locus amoenus*
dove tu mi porti
è una casa senza porte e finestre
è una strada
ch'incomincia e non finisce
è un cuore così colmo di vuoti
che pare pieno.

## KINTSUKUROI – 24

Senza sosta, poi,
i tuoi occhi hanno cercato i miei
tra tutti gli occhi di questo mondo,
e in quelli veri dei dipinti fiamminghi
e in quelli mitici dei ciclopi scomparsi.

Senza sosta,
erano i miei occhi
saccheggiati dai tuoi.

Sul mio sguardo hai posato
le tue valigie.

Paiono occhiaie di nostalgia.

## KINTSUKUROI – 25


Se poi dovesse arrivare
il Mondo
a trattenerti ed intrattenerti,
ricorda che noi apparteniamo
alla Luna.


Non è la Luna una gentile padrona.
Digrigna i denti per acchiappare
la Notte,
ci ubriaca di malinconia
per non restare sola.

## Kintsukuroi – 26

Ti mando l'abbraccio mio
che è bagnato di mare,
nuotaci dentro
e non dar retta all'orizzonte.

Non sono le cose lontane
le nostre cose;
dacché sei, io sono dietro la finestra vicina
conosco la voce
dei passanti della tua vita
e gioco con l'ombra che il sole fa di te
sulle linee fresche dell'*opus reticulum*.

## KINTSUKUROI – 27

Se proprio devi andare
porteresti con te il mio nome?

Non le mani
né gli occhi.
Non i sentieri felici,
non le risate
fatte di cuore e di pancia.
Non le lacrime versate a tormento
né le grandi cose costruite assieme.
Non quelle devastate.

Se proprio devi andare
portati dietro solo il mio nome.

## KINTSUKUROI – 28

Pure i minuti sono bui
per chi ha vissuto di viaggi.

Non trovano letto
dove riposare le vecchie ossa,
non hanno più un posto a tavola.
Non c'è un cuore amato
che li aspetta
sull'uscio di casa.

## Kintsukuroi – 29

Esistono cose che sanno di vuoto,
che ti svuotano il cuore per gioco
che ti scelgono quando meno te l'aspetti
e t'inghiottono quando lo decidono loro.

Mentre rientri a casa la sera
o mangi la tua insalata in mensa
o racconti a metà la tua vita
al povero pazzo che fuma con te
l'ultima sigaretta.

## KINTSUKUROI – 30

Mi hai lasciato molto più
di quanto potessi prendere,
che gli occhi erano già pieni
e le mani colme
e il cuore carico
di ogni meraviglia terrestre
e di quell'altra ancora
che sussurra solo alle stelle.

## KINTSUKUROI – 31

Questo vento
che fa sbattere le imposte
mi muove dentro

*quella cosa*

che tengo in bilico
sulla vertigine del mondo.

## KINTSUKUROI – 32

Sarei con te,

se non fosse per questa tettonica
delle zolle,
per questo moto rettilineo ed uniforme
del tempo,
per questo destino che gli dei
ci hanno dato.

Sarei già con te,

se fossi altro da ciò che sono
se l'infanzia mia fosse fatta di boschi
e non di mare
se Cristoforo Colombo non si fosse perduto
e Galileo avesse lasciato il Sole peregrino
attorno alla Terra.

## KINTSUKUROI – 33

Cosa c'era,
cosa c'era in quegl'occhi di lupo?
Un veleno? Un potere?
Viene fuori da quegli specchi
come una *malía*,
come un mare che si beve la luna.

Demone mio,
t'hanno fatto per farmi tremare il cuore.

Per macchiarlo di porpora.

## KINTSUKUROI – 34

Quando parto verso te
non torno mai.

Ma tornano le campagne
gialle di girasoli,
la pietra spaccata
bianca di rughe,
il mare calmo.
Il mare vasto.

Il mare nostro.

## Kintsukuroi – 35

Ho saputo del tuo amore
e l'ho saputo troppo tardi.

E' arrivato a me
come arriva, alle volte, nelle città
quell'ultimo stormo d'uccelli
migranti verso sud.

*Diretti all'Altrove.*

© La Plume de Paris, 2013
www.laplumedeparis.com

Printed by Books on Demand GmbH, Norderstedt, Germany